Copyright © 2021
Short Moments for Kids (*Brevi Momenti per i piccoli*)

Tutti i diritti riservati.

Nessuna parte di questa pubblicazione
può essere riprodotta o distribuita sotto alcuna forma
senza il consenso scritto dell'editore.

Testo © 2021 Ziji Rinpoche
Illustrazioni e copertina © 2021 Celine Wright
Titolo in lingua originale: 'Rest is Best! Best is Rest!'
Traduzione Italiana © 2022

Libro n° 5 della serie BeginningMind (*IncominciaLaMente*)
Copertina rigida ISBN: 978-1-915175-20-5
Copertina flessibile ISBN: 978-1-915175-22-9
Ebook ISBN: 978-1-915175-42-7

http://shortmomentsforkids.com

Short Moments of Strong Mind
for Kids

Dedicato a... te!

Pratica la mente forte quando hai emozioni tempestose
perché la mente forte è sempre felice, calma
e possiede una potentissima gentilezza d'animo.
La mente forte è sempre disponibile per aiutarti.
La mente forte appartiene a te e nessuno può portartela via!
Appartiene a te!

Devo essere gentile
con me stesso.

Ogni minuto, devo essere
gentile con me stesso.

Gentile verso il mio corpo,
gentile verso la mia mente,
gentile nelle mie parole.

Riposare il mio corpo. Riposare le mie parole.
Riposare la mia mente. Così gentile.

Sono molto gentile verso di me.
Posso perfino regalarmi un abbraccio.

O posso chiedere
a uno dei miei
amici preferiti un abbraccio.

"Per favore, abbracciami"

Sono forte, la mia mente
e il mio corpo e le mie parole
sono forti,
non importa chi ci sia
intorno a me
o cosa succeda nella vita.

Sono sempre forte e felice...

...anche quando altra gente non lo è.

Posso anche mostrare
ad altri bambini e adulti
come essere felici.

Riposo la mia mente,
mi sento felice,

sono tutto felice,
mi sento così bene.

Quando riposo la mia mente,
sono molto gentile verso di me.

Posso avere così tante emozioni che vengono a galla!

Posso sempre sentirmi felice
quando riposo la mia mente.

Quando riposo la mia mente,
la sento grande come il cielo.

E allora le mie emozioni se ne volano via
come un uccello nel cielo.

Come il sole fa risplendere
la giornata, riposare la mente...

...rende la mente brillante e rilassata.

Quando corro e gioco, mi stanco.
Poi ho bisogno di riposare
il mio corpo perché sono stanco.
Anche la mia mente si stanca...

...e ha bisogno di riposare.
La mia mente riposa tutto il giorno!
La mia mente riposa tutta la notte!
Riposare è meglio!

Riposare la mia mente
mi fa felice.

Riposare è meglio!
Il meglio è riposare!

L'autrice Ziji Rinpoche e il suo Maestro Wangdor Rimpoche

Ziji Rinpoche ama insegnare e scrivere, e il suo libro più recente è intitolato "Quando si cavalca uno Tsunami...". Ziji Rinpoche è successore di Lignaggio Dzogchen del Venerabile Wangdor Rimpoche. Ciascuna metafora e istruzione fondamentale prende origine dagli Insegnamenti Dzogchen che vengono tramandati da un Insegnante all'altro, susseguendosi come una catena di montagne d'oro.

Wangdor Rimpoche ha chiesto a Ziji Rinpoche di attuare l'avanzamento dello Dzogchen in seno alla cultura globale contemporanea. Ziji Rinpoche ha stabilito la comunità online di Short Moments per un reciproco supporto nell'acquisire familiarità con la natura della mente. Tramite l'app di Short Moments, chiunque può aver accesso a profondi e potenti insegnamenti Dzogchen.
Scopri di più su http://shortmoments.com

L' illustratrice Celine Wright

Celine ama disegnare, espandere responsabilità e potere nei bambini e raccontare storie. Quando Celine fu introdotta alla natura della mente da Ziji Rinpoche, fu strabiliata dal potere della mente, aperta come il cielo, sempre limpida e saggia a prescindere da che emozioni tempestose ci siano. Ha riconosciuto che le sarebbe piaciuto molto imparare circa la mente quand'era bambina. Fu ispirata a illustrare gli insegnamenti in libri per l'infanzia che introducano la mente forte ai bambini. Abbinando la sua educazione in Belle Arti (BA), Arti dello Spettacolo (MA), Dzogchen (Studentessa di Ziji Rinpoche dal 2007) e come Educatrice dell'Infanzia (*Childminder*), Celine ora insegna Dzogchen per bambini, presenta letture dal vivo presso scuole e festival, e ama illustrare nuovi libri su http://shortmomentsforkids.com

www.ingramcontent.com/pod-product-compliance
Lightning Source LLC
Chambersburg PA
CBHW041501220426
43661CB00016B/1215